柯楚 著

星月集

填词书皓月　把酒数繁星

西安・北京・广州・上海

图书在版编目 (CIP) 数据

星月集 / 柯楚著. — 西安 : 世界图书出版西安有限公司,
2021.10

ISBN 978-7-5192-8982-9

Ⅰ.①星… Ⅱ.①柯… Ⅲ.①古体诗—诗集—中国—当
代 Ⅳ.① I227.7

中国版本图书馆 CIP 数据核字 (2021) 第 208895 号

星月集

XING YUE JI

作　　者　柯　楚
策划编辑　冀彩霞
责任编辑　王婧姝　郭　茹
书籍设计　設+ 张洪海

出版发行　世界图书出版西安有限公司
地　　址　西安市锦业路都市之门 C 座
邮　　编　710065
电　　话　029-87233647（市场部）029-87234767（总编室）
网　　址　http://www.wpcxa.com
邮　　箱　xast@wpcxa.com
经　　销　新华书店

印　　刷　西安市建明工贸有限责任公司
开　　本　787mm × 1092mm　1/16
印　　张　16.5
字　　数　200 千字
版　　次　2022 年 1 月第 1 版
印　　次　2022 年 1 月第 1 次印刷
国际书号　ISBN 978-7-5192-8982-9
定　　价　39.80 元

自 序

诗词是汉语的精华。诗词，通常只有寥寥数语，却能表达精妙的语意，是语言、文字的最高境界，是汉语的突出亮点。世世代代的中国人，特别是有文化的人，都十分重视和喜爱诗和词。

诗词是汉语独特的优势。普天之下，语言众多。其中，汉语最为精准，最适合表达复杂、精确、丰富的含义。而诗词，最能体现汉语的优势，比如，“欲穷千里目，更上一层楼”，使用任何语言都无法接近汉语的表述水平。

诗词是心灵的寄托。诗词是言志、抒怀、传情、录心的首选。一个正常的人，应该是物质与精神的统一体，两者缺一不可。物质，是我们身体之所需；诗词，是我们心灵之所期。

诗词是语言的花朵。人类的语言包括口头语言、文字语言和体态语言。有时，在文字或文章中，在言谈举止中，引用或夹杂一两句得体的诗词，常常会为自己的表述增光添彩。

诗词是国人的底蕴。人文情怀是中国人共同的基本特质。无论投身哪个领域，无论从事什么职业，都应具备一定的诗情词意，这样的人生，才更加有趣，更加完美，更加精彩。

诗词是历史的亮点。在漫长、复杂、曲折的历史长河中，诗词是璀璨的明珠。阅读李白、杜甫、苏轼等前贤的诗词佳作，能够生动地感知当时的历史，品味作者的心境。

诗词是文化的高峰。在中国，诗词源远流长，在唐代和宋代创造了两座文化高峰，至今无法被超越。当前，我们在发展经济的同时，应努力推动文化事业的传承弘扬、繁荣发展，无愧于历史和时代。

中华诗词浩如烟海、博大精深、精妙绝伦。笔者并非专业人士，写诗填词，纯属抛砖引玉之举。本集摘录了笔者 2019 年下半年和 2020 年的部分作品，不妥之处，请各位读者批评指正，我的邮箱 xakty@sohu.com，微信号 894161969。

2021 年 8 月 10 日于樊川

目录

星月集

五律·夏夜

夜色拢荷塘，
烹茶陋室香。
填词书皓月，
泼墨诉衷肠。

玉露沾衣袖，
清风入草堂。
深情温桂酒，
夜半待红舫。

2019 年 7 月 12 日

五绝·萤火虫

林密草青青，
纷纷万点灯。
莫非今日雨，
带落满天星？

2019 年 7 月 13 日

五律·致旧友

故友意浓浓，
相约至北平。
品茶追往事，
把酒论今生。

静室植芳草，
飞鸿傲碧空。
明朝将远去，
万里展鹏程。

2019 年 7 月 15 日

七律·会旧友

京城遍地筑高楼，
雅室凌空瑞气悠。
野鹤三只逐北去，
闲云万朵向东流。

苍山淡雾招诗客，
玉酒清风醉美眸。
燕赵之邦情意重，
桑梓故旧在心头。

2019 年 7 月 16 日

临江仙·倪光南*

年少历经家国弱，
终生立志图强。
埋头发奋在学堂。
求知出海外，
致力报家邦。

联想中文一一九，
图形光笔荧光。
微机产业启朝阳。
不思名与利，
只为铸辉煌。

2019 年 7 月 17 日

---

*倪光南，宁波人，1939 年出生，计算机专家，中国工程院院士，中国科学院计算技术研究所研究员。谨以此词，向倪光南院士等科技工作者致敬！

夏日夏字谣

夏阳夏月夏蓝天，
夏雾夏云夏雨绵。
夏草夏花夏绿叶，
夏风夏水夏青山。

2019 年 7 月 18 日

七律·盛夏雨日

纷纷细雨遍天涯，
草色青青岭罩纱。
水漫荷塘托绿叶，
珠凝素面润红花。

堂前炭火温美酒，
案上精杯品淡茶。
莫叹三伏月季谢，
残芳萼下又发芽。

2019 年 7 月 19 日

如梦令·春别

河畔草青水秀，
雨住芳华依旧。
那日送别时，
飘落桃花着袖。
鹅柳，鹅柳，
欲挽春葱酥手。

2019 年 7 月 20 日

七绝·南山纳凉

南山秀谷紫薇香，
盛夏微风阵阵凉。
不是林边无酷暑，
只因琐事忘一旁。

2019 年 7 月 21 日

七律·夏夜荷

南湖翠柳探荷塘，
雨过天晴阵阵香。
素面青衣浮碧水，
朱颜玉萼守红舫。

清风诱我临舟畔，
皓月陪谁入梦乡。
静护花旁不忍扰，
三更默默诉衷肠。

2019 年 7 月 22 日

七绝·夏日蝉

夜半方出怕见天，
屈身卸甲似成仙。
天生双翅攀高树，
瓦釜雷鸣世上喧。

2019 年 7 月 23 日

七绝·散淡人

纷纷世事似山堆，
碧水东流去不归。
今日不思昨日事，
明天再看彩云飞。

2019 年 7 月 24 日

五律·南湖宴

荷塘晚露浓，
水映满天星。
残月天边启，
群蛙叶下鸣。

轻舟迎故旧，
烈酒赋深情。
畅叙二伏夜，
花丛醉晚风。

2019 年 7 月 25 日

七绝·题同学聚会

三秦大地数老翁，
盛夏时节情意浓。
看似人人朱颜在，
近前却见是酒红。

2019 年 7 月 26 日

五律·曲江宴友

六月览关中，
白云驻碧空。
平湖舟上酒，
曲水柳间风。

日暮红花秀，
月明绿叶浓。
华灯如梦幻，
叙旧至三更。

2019 年 7 月 27 日

唐多令·南湖夜

荷叶郁葱葱，
亭亭立水中。
淡香飘、素面颜青。
曲水南湖终眷恋，
情切切、意浓浓。

绿岸踏歌行，
轻舟已掌灯。
玉笛声、皓月清风。
恰是当年合奏曲，
离人至、又相逢?

2019年7月28日

夏日最是歌

最香最雅是兰房，
最净最清是海棠。
最美最柔是碧水，
最思最念是红舫。

最虚最幻是云雾，
最近最远是人心。
最亮最高是日月，
最爱最恨是情人。

2019 年 7 月 29 日

五律·夏农

盛夏千花败，
枝头万鸟栖。
蝉鸣林叶萎，
日烈路人稀。

灼背蒸皮肉，
锄禾洒汗滴。
盘中千百粟，
粒粒且珍惜。

2019 年 7 月 30 日

七绝·战士情

厉兵秣马守山河，
雨雪风霜赋壮歌。
但遇强敌欺父老，
赴汤蹈火做荆轲。

2019 年 7 月 31 日

七绝·战士情

刘军秀　和

十年一度英雄梦，
笑对风云笑雪寒。
大漠边关春试马，
长留血气在天山。

五律·战士情

淡月启东山，
茫茫大漠间。
长空连域外，
战士镇边关。

冷刺寒光溢，
激情热血翻。
横刀勒战马，
父老任高眠。

2019 年 8 月 1 日

五律·夏

南山碧水傍，
草盛树苍苍。
世上骄阳烈，
林中草舍凉。

蜀葵伫院内，
紫燕落房梁。
一盏清香茗，
招来两鸟尝。

2019 年 8 月 2 日

五律·题吴起雕像

往事似浮云，
苍山阅古今。
统兵思吴起，
合纵忆苏秦。

成败凝为露，
得失化作尘。
唯留天上月，
笑叹世间人。

2019 年 8 月 5 日

七绝·夏咏蝉

藏身地下苦参禅，
夙夜殚精抱土眠。
寒暑十年今见日，
高歌热曲唤青天。

2019 年 8 月 6 日

鹊桥仙·春夏

江南雨后，
梅花吐秀，
嫩叶青竹弱柳。
红舫碧水淡香幽，
惊邂逅、海棠依旧。

七夕时候，
无垠宇宙，
银汉风急浪骤。
岸边欲渡苦无舟，
夜凉透、影单形瘦。

2019 年 8 月 7 日

七绝·金陵立秋夜

今夕又至雀桥头，
带酒携花探莫愁。
玉露清风秋送爽，
如钩新月上西楼。

2019年8月8日

五律·初秋夜

山居草木深，
日落醉黄昏。
月俏晴空笑，
泉滴秀谷闻。

清风拂玉面，
翠岭绕白云。
畅意飘然至，
红衣梦里人。

2019年8月9日

采桑子·枣园

英雄浩气冲霄汉，
聚义延安。
智勇无边，
唤醒工农万万千。

清风送爽延河畔，
日暮枣园。
散尽硝烟，
月色如银洒满天。

2019 年 8 月 12 日

鹧鸪天·南湖

雨后云飞现彩虹，
夕阳西下在离亭。
清波碧浪空中月，
绿叶香花水畔风。

星暗淡，月光明，
精杯玉盏话平生。
今宵对饮一坛酒，
日后江湖再相逢。

2019 年 8 月 13 日

五律·灞河夜

日暮水边行，
披堤草色青。
波光如碎玉，
萤火似繁星。

细柳佳人意，
轻舟故友情。
离亭书皓月，
夜半在城东。

2019 年 8 月 14 日

破阵子·月夜

静夜流萤灿烂，
初秋皓月初圆。
玉树清风成黛意，
荏苒青丝鬓角悬。
谁知几世缘？

花季挥别江畔，
雾锁万水千山。
幽愫深深挥不去，
把酒瑶琴柔断弦。
何能把信传？

2019 年 8 月 17 日

七律·大医孙思邈颂

神医圣手具仁心，
普度含灵方术深。
但乞世间人无病，
何妨架上药生尘。

华夷愚智同一等，
贵贱亲仇未两分。
荡涤沉疴成大道，
阳光沐浴杏林春。

2019 年 8 月 18 日

注：本诗作于铜川药王山。

临江仙·荷丛

细浪清波湖水净，
接天碧叶如篷。
鲜苞玉蕊落蜻蜓。
青衣生墨绿，
素面点腮红。

日暮夕阳成盛景，
罗衫短袖轻盈。
青丝及地舞东风。
依稀春梦醉，
坠落万花丛。

2019 年 8 月 20 日

小重山·处暑荷塘

处暑纷纷细雨浓。
荷塘清水畔、
乱蛙鸣。
匆匆岁月不留情。
芳华去、
可叹落花容。

夜色影伶仃。
茫茫白雾重、
叶犹青。
竹边草径沐轻风。
三更过、
枉自伫离亭。

2019 年 8 月 23 日

长相思·初秋

梅花山，
杏花山。
蝶舞蜂飞两鬓边，
红英落满肩。

夏无眠，
秋无眠。
缕缕情思万里牵，
夜深明月残。

2019 年 8 月 27 日

七绝·荷塘秋

春季深深秀面藏，
炎炎夏日绽芬芳。
当初不嫁清风去，
玉损秋霜暗自伤。

2019 年 9 月 4 日

江城子·秋荷

苍苍草院罩梧桐。
彩云腾，月光明。
玉殒香消，
败叶遍塘中。
夜半衣单临碧水，
平似镜，落繁星。

萧萧竹苑舞流萤。
在离亭，抚瑶筝。
岁月如歌，
把酒忆曾经。
寄意抒怀成几曲，
如梦令，诉衷情。

2019 年 9 月 7 日

五律·秋雨

清晨雨未收，
雾锁密林幽。
燕叫梁头落，
虫声草下休。

金风拂碧柳，
玉露坠石榴。
戴笠植菊苑，
黄花点素秋。

2019 年 9 月 10 日

浪淘沙·秋雨

细雨送清秋，
洗尽枝头。
紫薇烈烈诉风流。
恰是绿肥玉面瘦，
秀色含羞。

碧水向东流，
心意难酬。
梅林小路任遨游。
六角红亭春入梦，
梦却难留。

2019 年 9 月 11 日

七律·中秋夜

寒宫桂树又飘香，
静夜嫦娥卸晚妆。
叹月填词因有梦，
凭坛醉酒且无妨。

清秋默默临篱院，
淡雾依依恋海棠。
翰墨难书心腹事，
西楼翘首问吴刚。

2019 年 9 月 12 日

鹊桥仙·中秋

苍穹如洗，
繁星熠熠，
银汉波高浪巨。
牛郎织女两相离，
情人泪、挥飞天地。

人间秋季，
山青水碧，
亭外飘香月季。
平生喜乐化云虚，
泾河畔、诗经故里。

2019 年 9 月 13 日

如梦令·雨夜

秋雨连绵难却，
洗净柳枝竹叶。
檐下打芭蕉，
恰似梅园春夜。
无月，无月，
已是万家灯灭。

2019 年 9 月 14 日

卜算子·雨夜

数日雨绵绵，
不尽白云乱。
向晚芭蕉水潺潺，
草下虫声断。

皓月可曾圆？
夜半难相见。
把酒窗前抚琴弦，
惊醒竹梁燕。

2019 年 9 月 15 日

卜算子·雨夜

@海棠依旧　和

日暮密云翻，
梧叶枝头乱。
道是江南水缠绵，
珠落青荷面。

秋雨恋樊川，
点点融诗卷。
百草千花诉风流，
情断南飞燕。

五绝·秋雨

细雨密无涯，
无声润桂花。
幽香飘万里，
款款到谁家？

2019 年 9 月 16 日

小重山·秋

碧水蓝天两燕翔。
青堤披绿草、
沐阳光。
城东陇上见牛羊。
秋分过、
遍地稻花香。

日暮晚风凉。
红霞妆秀岭、
彩云祥。
田园深处有农庄。
炊烟起、
袅袅去何方？

2019 年 9 月 26 日

五律·秋夜

得失莫在心，
又见月一轮。
亮暗寻常事，
沉浮平淡身。

空中南去雁，
岭上北归云。
陋室炊烟起，
庭堂不染尘。

2019 年 9 月 27 日

诉衷情·曲江秋夜

金风送爽紫云楼，
夜色静无忧。
高台尽览园内，
阵阵桂香幽。

临曲水，
泛轻舟，
任漂流。
碧波东去，
芦苇娑飔，
人立清秋。

2019 年 9 月 28 日

七绝·桂花香

晨兴戴露探兰房，
满院浓浓散异香。
静伫篱边金桂树，
黄花点点吐芬芳。

2019 年 9 月 29 日

七律·寒露雨

草木苍苍扮古城，
今夕寒露降关中。
骊山脚下华清殿，
渭水河滨汉武陵。

雨落青竹秋色溢，
风停秀岭暮烟凝。
黄菊玉立无人问，
泣泪含珠至五更。

2019 年 10 月 8 日

如梦令·秋雨

曲水碎波如璧，
弱柳柔丝及地。
再遇俏佳人，
伞下无声无语。
秋雨，秋雨，
情溢河山千里。

2019 年 10 月 9 日

采桑子·黄菊

春光桃李植童话，
覆土翻沙。
育种新芽，
嫩叶青青雾罩纱。

金风玉露东篱下，
满目菊花。
韵入清茶，
意净倚竹沐晚霞。

2019 年 10 月 10 日

七绝·品春秋

城东二月送轻舟，
柳暗花飞逝水流。
细雨霏霏飘不尽，
离时春季再回秋。

2019 年 10 月 11 日

七律·品清秋

青石高卧赏白云，
满目清秋草木深。
皓月融茶千遍品，
繁星入酒万杯斟。

精书细阅朝霞启，
沃土勤耕落日沉。
绿叶红花观不尽，
粗衣淡饭铸丹心。

2019 年 10 月 12 日

西江月·秋菊

众鹊栖枝晚唱，
黄花傲立秋凉。
红亭日暮注霞光，
寄意云间水上。

今夜星稀月朗，
此生意厚情长。
金风玉露润兰房，
把酒凭阑远望。

2019 年 10 月 18 日

花叶雨雪谣

花开花落花香幽，
叶绿叶黄叶映楼。
雨密雨疏雨夜过，
雪飞雪落雪飘头。

2019 年 10 月 19 日

浪淘沙·秋忆

翠柳密如蓬，
丽日和风。
南山枫叶似春红。
簇簇黄菊金灿灿，
碧草犹青。

二月在梅峰，
玉萼香浓。
蓝衣置酒宴高亭。
畅意填词舒锦绣，
一醉花丛。

2019 年 10 月 29 日

七绝·枫林红

一夜秋霜一夜风，
千山万树尽飘红。
谁人洒下相思雨，
尽染枫林遍地情。

2019 年 10 月 31 日

武陵春·秋夜

玉露金风霜降后，
黄叶现枝头。
柳色犹青月似钩，
灞水静幽幽。

夜半兰亭花影瘦，
阵阵暗香流。
置酒烹茶业已休，
绿岸待轻舟。

2019 年 11 月 1 日

七律·晚秋夜

北雁南归万木黄，
芝兰吐秀散幽香。
秋庭碧草炊烟暖，
静夜青竹细雨凉。

翰墨精书《如梦令》，
瑶琴感叹《满庭芳》。
封装尺素挟红叶，
再付飞鸿寄远方。

2019 年 11 月 2 日

七绝·樊川客

水畔林间沐晚霞，
耕田育稻种庄稼。
读书写字绘兰草，
听雨观云品酒茶。

2019 年 11 月 3 日

七律·晚秋忆

锦瑟春秋年复年，
芳华岁月赋琴弦。
清风有梦随花去，
皓月无垠伴酒眠。

梅岭拥香情切切，
兰亭揽秀意绵绵。
红舫把酒成追忆，
往事如歌在眼前。

2019 年 11 月 4 日

卜算子·晚秋

重雾罩长安，
满目黄金叶。
灞水清波待晚舟，
碧柳随风曳。

水畔六角亭，
岭上升明月。
独叹芝兰傲冷霜，
染就花香夜。

2019 年 11 月 5 日

七律·晚秋雨

阴霾数日隐青天，
万户幽窗灯火残。
雾锁苍茫秦岭月，
霜飞隐沌灞河烟。

阳春历历成蝶梦，
岁月悠悠染鬓边。
细雨挟寒秋意冷，
金风落叶遍长安。

2019 年 11 月 6 日

长相思·晚秋

暮色行，
夜色行，
明月如钩挂碧空，
深秋望玉宫。

沐晚风，
叹晚风，
柔断三弦伴落桐，
梅峰未了情。

2019 年 11 月 7 日

江城子·记者

采编摄像最繁忙。
走八方，撰华章。
风雨兼程，
责任铸衷肠。
制作新闻如打仗，
节假日，似平常。

客观公正布阳光。
意飞扬，著辉煌。
妙手丹心，
道义铁肩扛。
铲尽人间邪与恶，
扬正气，慰爹娘。

2019 年 11 月 8 日

注：本词作于中国记者节。

七绝·初冬聚

横扫残秋已入冬，
任由风雨落残红。
长安日暮围炭火，
叙旧推杯宴远朋。

2019 年 11 月 9 日

忆江南·初冬

春来早，
梅岭入云霄。
踏浪轻舟飞玉袖，
凌波柔柳展青袍。
黄雀戏红桃。

冬迟到，
万木未萧条。
碧水蓝天招远客，
黄花青草扮离桥。
亭内酒香飘。

2019 年 11 月 11 日

如梦令·初冬

连日雾浓雨骤，
洗却残花败柳。
醉酒叹金风，
亦是喜新厌旧。
唯有，唯有，
梅岭情深意厚。

2019 年 11 月 12 日

七律·樊川客

一柄青锋挂土墙，
图书万卷占竹床。
清贫不碍含诗意，
烈酒犹能入梦乡。

欲败黄花仍未谢，
初开兰蕊已散香。
篱边莫道无风景，
醉卧青石看雁翔。

2019 年 11 月 13 日

临江仙·春忆

二月江南湖上，
蓝天碧水红舫。
新茶玉袖燕飞翔。
无言观秀色，
只道是寻常。

几度春风难忘，
临花暗动衷肠。
填词把酒赋华章，
如烟多少事，
一梦付黄粱。

2019 年 11 月 14 日

五律·立冬

白霜冷雾浓，
落叶报初冬。
宿鸟栖寒树，
枯荷泣晚风。

销蚀草色绿，
褪去秀颜红。
四季轮回变，
常青是柏松。

2019 年 11 月 15 日

初冬山水赋

一天一地一沙鸥，
一水一山一绿洲。
一咏一歌一点秀，
一舟一橹一笛悠。

2019 年 11 月 18 日

七律·初冬兰室

院外南山似墨图，
柴门内外遍苍梧。
风催银杏翻金浪，
露结芝兰画玉弧。

叶秀妆台心守静，
花香染室火赢炉。
邻村置酒驱寒意，
向晚相约饮两壶。

2019 年 11 月 20 日

临江仙·菊

篱外林中弯路，
门前岭下平湖。
黄菊绽放未萧疏。
花香仍似故，
色艳亦如初。

数月精心培护，
一朝淡蕊芳出。
欺霜傲冷向天舒。
深秋千叶落，
初冬一尤孤。

2019 年 11 月 21 日

七律·梅林忆

江南二月访梅林，
细雨青衣罩瘦身。
逸动花香心欲醉，
悠然靓影幻成真。

曾经浅笑春光溢，
怎奈深情暮色沉。
往事如歌空有意，
悲欢聚散不由人。

2019 年 11 月 22 日

行香子·聚酒

丽日初冬，
故友相逢。
畅开怀、玉酒香浓。
重温继往，
叙旧无穷。
有几多思，
几分念，
几番情。

恪守初衷，
不为功名。
忘红尘、感叹英雄。
谈今论古，
浩气如虹。
看玉杯倾，
菜盘净，
酒坛空。

2019 年 11 月 23 日

七律·小雪夜

茫茫冷雾漫天涯，
日暮围炉煮酽茶。
冷叶萧萧身付水，
寒鸿点点影融霞。

无边小雪人间至，
不尽轻霜鬓上加。
岁月匆匆如逝水，
填词作赋送芳华。

2019 年 11 月 25 日

七绝·题荆轲

慷慨悲歌易水滨，
浑身是胆气凌云。
单刀匹马扶危弱，
血洒秦廷泣鬼神。

2019 年 11 月 26 日

江城子·陕北初冬

寒风阵阵遍八荒，
野茫茫，岭苍苍。
万木萧条，云重没残阳。
大理河冰凝渡口，
人踪灭，鸟皆藏。

枯枝老树倍凄凉，
暗灯光，透幽窗。
夜静更深，
青瓦结浓霜。
雪落青龙山谷路，
大洪寺，古钟扬。

2019 年 11 月 27 日

注：本词于初冬的子洲县草就。

初冬山水谣

一水一舟一湖星，
一山一岭一险峰。
一木一花一寒暑，
一生一世一片情。

2019 年 11 月 28 日

七律 · 草堂冬

万木萧萧枫叶红，
黄菊兀自绽雍容。
门前碧草失芳绣，
案上芝兰吐玉瑛。

紫燕离飞山万里，
轻舟别去水千重。
白云散尽无音信，
把酒梅林在梦中。

2019 年 11 月 29 日

江城子·冬忆

清风日暮落梧桐。
晚霞红，月芽明。
煜煜星光，
凝露更寒浓。
信马由缰思绪远，
黄菊秀，未凋零。

囊中抚触玉玲珑。
紫罗绳，系深情。
丽日阳春，
把酒在梅峰。
最是林中芳草径，
通幽处，入花丛。

2019 年 12 月 1 日

西江月·梅忆

沐浴一身秀色，
飞扬万里春光。
清风弱柳伴夕阳，
碧水轻舟细浪。

明日朝阳将至，
今宵醉酒何妨？
梅林处处溢芳香，
皓月东升岭上。

2019 年 12 月 2 日

七律・日暮访友

红枫小树已成林，
草径通幽访故人。
碧水清波漂落叶，
黄菊静逸簇柴门。

苍山宿雪寒无色，
落日余晖冷不温。
对月围炉舒锦绣，
高歌一曲付白云。

2019 年 12 月 3 日

七律·初冬夜

匆匆岁月岂能追，
日暮凭栏弄酒杯。
老叶伶仃栖桂树，
浓霜萧瑟落蔷薇。

休言冷月常相去，
只叹芳华不再回。
曾对梅花舒往事，
明春小径看蝶飞。

2019 年 12 月 4 日

行香子·秦岭

纵意初冬，
丽日晴空。
五彩斑斓遍林中。
霜栖碧草，
色欲纯青。
孕绿描红，
清泉水，
去淙淙。

苍山翠岭，
召鸾引凤，
款款徐徐带香风。
轻舟一片，
踏浪而行。
玉笛声漫，
飞天际，
共潮生。

2019 年 12 月 5 日

七律·读战国策

军阀混战害苍生，
遍地烽火礼乐崩。
祸国殃民述侫幸，
开疆拓土论英雄。

忠臣义士轻生死，
贤相明君重辱荣。
贵贱尊卑皆作古，
千秋万世后人评。

2019 年 12 月 6 日

五绝·冬夜

泥炉炭火高，
兰苑暗香飘。
把酒花前醉，
邀风月下聊。

2019 年 12 月 9 日

忆秦娥·初冬

南飞雁，
蓝天丽日白云淡。
白云淡，
千山万岭，
雾消霾散。

夕阳似火红霞灿，
开怀把酒芝兰苑。
芝兰苑，
清香一品，
月明星暗。

2019 年 12 月 10 日

采桑子·赠友

临风玉树一才俊，
文质彬彬。
仁礼存心，
淡定从容智慧深。

相交虽短心相近，
意厚情真。
今日离分，
别去天涯若比邻。

2019 年 12 月 13 日

附：谨以此词赠予挚友李彬。

临江仙·冬夜

皓月如银天际静，
无垠云淡晴空。
凌霜傲雪俏梅红。
枝头争吐秀，
林下暗香浓。

曲径通幽花弄影，
今宵玉树临风。
离亭备酒喜相逢。
曾经三月事，
醉在五更中。

2019 年 12 月 14 日

七律·周末夜

寒来暑去复回轮，
重雾浓霾数日阴。
但爱苍山深似墨，
犹怜丹枫落如尘。

读书总叹三更短，
悟道不觉四壁贫。
烛下挥毫铺锦绣，
书花写月赋阳春。

2019 年 12 月 15 日

西江月·冬聚

燕去枝头宁静，
花飞树上枯空。
离离宿草舞西风，
不尽天寒地冻。

数日霾深雾重，
今宵酒美茶浓。
围炉挚友话人生，
笑看谁输谁胜。

2019 年 12 月 16 日

五律·冬忆

腊月忆清秋，
烟霞草径幽。
心平风抚面，
意静浪推舟。

云淡长天阔，
钟鸣古寺悠。
辉煌枫叶落，
化土孕风流。

2019年12月17日

采桑子・飘叶

隆冬细雨人声静，
云雾迷蒙。
山色朦胧，
曲径通幽至故宫。

偷闲信步观风景，
满目红枫。
意动心中，
落叶飘飘亦有情。

2019 年 12 月 18 日

七律·叹长安

星移斗转不停留，
残月寒光照土丘。
感叹秦皇吞六国，
嗟乎汉武并九州。

荣华富贵随风去，
成败得失付水流。
阅尽人间千古事，
烹茶炙酒笑王侯。

2019 年 12 月 19 日

七律·笑隆冬

笑对寒风注草堂，
花飞叶落又何妨。
兰香总耐清屋冷，
竹翠常欺瑞雪狂。

阅尽红梅成韵律，
研出翰墨赋辞章。
清风皓月拥窗探，
几段诗词纸上扬？

2019 年 12 月 20 日

七绝·梅岭春

那峦那岭那山峰，
那路那梅那片红。
那水那舟那玉袖，
那歌那舞那段情。

2019 年 12 月 21 日

临江仙·冬梅

冬至群芳皆化土，
阴霾重雾纷纷。
寒梅玉树绕江村。
枝头无冷意，
树上尽阳春。

可叹胸中才艺少，
空拥丽质佳人。
临花半日未成文。
迷于清水畔，
醉在暗黄昏。

2019 年 12 月 22 日

七律·岁末感

且把人生当旅程，
沉浮跌宕未曾停。
每逢岁末沽新酒，
总在年初忆旧情。

桃李冬风三盏尽，
诗词翰墨一身轻。
如云世事终需散，
抱臂倚竹看月明。

2019 年 12 月 23 日

江城子·海棠

二月溪边遇海棠，
绿衣裳，点淡妆。
笑傲春风，
素面溢清香。
守至三更花睡去，
深夜里，秉烛光。

别后十年再寻芳，
遍三江，路茫茫。
万水千山，
大地染浓霜。
岁月如诗观逝水，
歌一曲，赋东方。

2019 年 12 月 24 日

五律·冬

云低冷雾浓，
大地历隆冬。
陋室寒风满，
清堂月色空。

霜栖衰草地，
雪落旧花丛。
不负湘竹意，
梅枝泛俏红。

2019 年 12 月 25 日

七律·梅岭春

红梅秀岭艳阳天，
草碧林深小路弯。
水畔春时成梦境，
坡前绿处起炊烟。

青竹静立思无语，
紫燕翻飞见不难。
日暮横笛人念远，
霞光聚瑞落长安。

2019 年 12 月 27 日

钗头凤·聚

清江畔，
梅花绽，
落英飞舞缤纷乱。
和风溢，
柳飘絮，
碧水涟漪，
画舫相聚。
忆、忆、忆。

三更半，
犹无倦，
月明把酒青竹苑。
人如玉，
富灵气，
醉赋诗词，
重情重义。
续、续、续。

2019 年 12 月 28 日

七律·曲江冬

巍巍雁塔伴晨钟，
丽日白云映碧空。
曲水微波无冷意，
廊桥弱柳有柔情。

当初共赏芙蓉艳，
今又独观玉露盈。
莫叹西风催绿草，
梅花却已暗香浓。

2019 年 12 月 29 日

风花烟雨颂

一树梅花一古城，
一江曲水一船风。
一时畅想一盟诺，
一世烟波一生情。

2019 年 12 月 30 日

七律·辞旧岁

岁月如歌贵似金，
冗杂琐事莫劳神。
心平静赏风云动，
意淡闲观雨雪频。

进退沉浮不在己，
得失成败岂由人？
泥炉炭火温壶酒，
醉过今夕又是春。

2019 年 12 月 31 日

采桑子·元旦

辞别岁末迎元旦，
忘却从前。
赠此吉言，
总是新年胜旧年。

东风丽日阳春唤，
泽润人间。
志在天边，
击水中流再展帆。

2020 年 1 月 1 日

行香子·严冬

霜重云浓，
笼罩严冬，
枯林萧瑟泣寒风。
梅枝吐秀，
又见花红。
展唤春情，
呼春意，
报春声。

青竹墨岭，
遥相呼应，
看水观山叹丹枫。
田中幼麦，
绿遍城东。
对赋诗地，
赋诗景，
赋诗成。

2020 年 1 月 2 日

鹧鸪天·冬夜

夜半无眠睡意迟，
挥毫泼墨赋新诗。
功名利禄无须问，
成败得失不必知。

星相伴，月相识，
楚辞汉赋是先师。
芝兰浅笑温清酒，
信马由缰畅意时。

2020 年 1 月 3 日

一剪梅·冬梅

冽冽西风梅万娇。
疏影横斜，
绽遍枝梢。
淡妆不语暗香飘。
傲冷含情，
村口相招。

夜色深深明月高。
炙酒围炉，
意动神摇。
绘花泼墨任逍遥。
桌上涂春，
春步悄悄。

2020 年 1 月 4 日

临江仙·冬夜

世上寒冬萧瑟，
心中充满阳光。
依栏把酒伫连廊。
南庭梅吐秀，
北苑墨兰香。

夜半烛光明亮，
深思未感凄凉。
天高海阔任翱翔。
明春三月里，
再聚醉红舫。

2020 年 1 月 5 日

七绝·小寒雪

纷纷落雪报小寒，
万树枝头降玉鸾。
感叹天公施妙手，
河山处处换新颜。

2020 年 1 月 6 日

五律·冬

岁末小寒时，
春遥大地知。
梅开萧瑟季，
雪落冷清枝。

语意萌生旺，
严冬退去迟。
挥毫宣纸上，
静夜赋新诗。

2020 年 1 月 7 日

江城子·周恩来

立志图强为国兴，
重公平，爱光明。
执教军门，
举义动刀兵。
暗战明争施智勇，
精文武，建奇功。

岁月峥嵘展赤诚，
布清风，聚群英。
故友敌丛，
谈笑任从容。
万世良臣谋社稷，
谁人似，美髯公。

2020 年 1 月 8 日

五律·题岚皋县

谷内桃花艳，
村中桂树多。
山巅飘瑞雪，
水畔舞绫罗。

岭峻撵山号，
林深报路歌。
云腾三面岳，
素女沐岚河。

2020 年 1 月 9 日

七绝·梅忆桃

阳春二月去匆匆，
满院桃花树树红。
瑞雪飘飘寻故旧，
寒梅浅笑暗香浓。

2020 年 1 月 10 日

青玉案·冬夜

蟾宫素女施仙露，
便抛下、无边雾。
银汉茫茫星浪舞。
寒舟冷渡，
南湖凝固，
冰冻关中路。

清风抚触梅花树，
碧瓦红墙溢香处。
剔透浓霜雕玉柱。
寻芳百度，
竹倚门户，
却在阶前伫。

2020 年 1 月 11 日

七律·腊梅

浓霜重雾蓓蕾发，
欲展芳颜去肃杀。
莫叹苍茫无秀色，
欣逢萧瑟有芳华。

飘香可慰隆冬树，
溢暖能消冷雪涯。
点缀疏林迎皓月，
枝横碧玉吐冰花。

2020 年 1 月 13 日

浣溪沙・腊梅

展萼舒姿似海棠，
冰天雪地伴轻妆，
横斜疏影散清香。

冷雾寒天心吐玉，
凄风冻雨秀临窗，
隆冬萧瑟自芬芳。

2020 年 1 月 14 日

五绝・腊梅

雪漫地连云，
苍茫暮色沉。
风中一点秀，
独自唤阳春。

2020 年 1 月 15 日

五律·腊梅

砺雨傲严霜，
凄风剪俏装。
佳人临客笑，
墨客为花狂。

缀雪清枝瘦，
含冰玉面香。
三更舒秀色，
待月伫西厢？

2020 年 1 月 16 日

五律·小年

大雾漫无边，
今夕过小年。
寒霜结瓦上，
冷露落篱前。

皑皑千山雪，
茫茫一片天。
荒塬唯宿草，
四顾渺无边。

2020 年 1 月 17 日

五律·红梅

瑞雪抱寒英，
寒英笑北风。
虬枝出香蕊，
傲骨弃浮名。

毁誉抛天外，
神情纳腹中。
隆冬独自秀，
不与众花争。

2020 年 1 月 18 日

七绝·冬至梅

昨日寒冬渐远去，
今朝春意又重来。
东风趋暖舒杨柳，
大地无声梅竞开。

2020 年 1 月 19 日

鹧鸪天·冬梅

去岁挥别久未逢，
今朝笔墨诉衷情。
清霜点画桃花面，
瑞雪勾描玉树容。

思切切，意浓浓，
晨兴出外觅春风。
归来偶尔惊回首，
慨叹篱边满目红。

2020 年 1 月 20 日

七律·樊川客

悠然散淡住樊川，
赏尽桃花再看莲。
皓月当空存院内，
纷争不问弃天边。

鸡鸣百唱人未睡，
日上三竿我在眠。
笑对庭中飞落叶，
植菊万束遍篱前。

2020 年 1 月 21 日

七律·题春节联欢

红男绿女聚年终，
曼舞轻歌伴彩灯。
万事成功述继往，
千般辛苦话曾经。

台前未尽迎春意，
耳畔充闻请战声。
待到明朝齐奋进，
青梅煮酒论英雄。

2020 年 1 月 22 日

长相思·春忆

白云翔，
彩云翔。
苍岭红梅竞散香，
清波绿水长。

登红舫，
聚红舫。
对酒当歌蓝袖扬，
纵情念远方。

2020 年 1 月 23 日

七律·贺新年

今宵守岁至更深，
美酒飘香陌上村。
金玉满堂祥到院，
洪福盈室喜临门。

风吹大地梅花秀，
雪落人间气象新。
翰墨楹联人意暖，
华灯异彩兆阳春。

2020 年 1 月 24 日

七律·初一

华灯溢彩夜长明，
数日阴云始未晴。
扑面冬风微有意，
梳梅冷雨细无声。

浓霾笼罩天空暗，
大疫横行鬼魅汹。
众志成城驱恶患，
阳光裕禄惠宾朋。

2020 年 1 月 25 日

七绝·咏冬雪

冰雕玉面冷做魂，
曼舞轻姿诱早春。
不耐人间无秀色，
飘飞世上盖红尘。

2020 年 1 月 27 日

行香子·医生

灾起无声，
涂炭生灵。
值年末、大疫流行。
甲级管控，
草木皆兵。
面对顽凶，
人人避，
在家中。

白衣天使，
驰援除病，
最前沿、救助苍生。
尽心竭力，
仁爱精诚。
有回春手，
金方策，
治痾功。

2020 年 1 月 31 日

附：谨以此词赞赴武汉抗疫医生。

七律·抗瘟疫

梅花绽放暗香浓，
疏影横斜笑冷风。
萼上无蜂餐秀色，
林中少客探芳容。

白衣奋力驱灾难，
勇士临床忘死生。
但乞春来霾雾散，
阳光雨露彩虹升。

2020 年 2 月 3 日

五律·立春

春来六九头，
却令众人愁。
旧岁阴霾聚，
新年恶疫流。

天灾从未断，
人祸不曾休。
慈悲怜万物，
因果了无忧。

2020 年 2 月 4 日

渔家傲・灭疫

恶疫横生兴祸患，
无辜大众遭磨难，
封路封城民抱怨。
高声叹，
风声鹤唳行人断。

四面八方援武汉，
军民携手同参战，
济世悬壶不避险。
齐称赞，
白衣唤取春光艳。

2020 年 2 月 6 日

五律·医

霾雾降神州，
疴魔鬼见愁。
千城车马静，
万户困高楼。

妙手除瘟疫，
白衣解病忧。
阳春有丽日，
云淡水长流。

2020 年 2 月 7 日

七律·早春记

梅香谢落化红尘，
鹂鸟争鸣唱早春。
久困宅中翻国史，
常依枕上闭家门。

神州铁腕驱魔患，
妙手丹心救病人。
但负花期何所虑，
赢得万众自由身。

2020 年 2 月 12 日

七绝·寄梅花

寒风瑟瑟未临春，
满树梅花吐玉津。
撷取清香千朵秀，
封装遥寄有情人。

2020 年 2 月 14 日

附：谨以本诗赠抗击新新冠疫情一线及居家抗疫中的有情人！

五律·人生

坎坷是人生，
遵循大道行。
霾消出日月，
雾散见阴晴。

历雨胸怀阔，
经风视野明。
登高极目处，
海晏万河清。

2020 年 2 月 16 日

行香子·雨水*

春过南山，
暖意无边。
沐东风、小路蜿蜒。
梅林芳秀，
蝶舞蜂攀。
看红花艳，
粉花淡，
紫花繁。

曲江水畔，
轻波拍岸，
鸟争鸣、竟日贪欢。
阳光垄上，
幼麦悠然。
但遥相盼，
常相念，
梦相牵。

2020 年 2 月 19 日

---

*2020年2月19日，雨水，二十四节气之一。

七绝·红梅村

城东旷野又逢春，
十里红梅抱小村。
去岁相约清水畔，
花香依旧却无人。

2020 年 2 月 22 日

临江仙·春

疫退尽传佳讯，
红梅绽放乡村。
东风丽日鸟成群。
残花离玉树，
墨岭入白云。

二月冬寒难尽，
关中却是初春。
城南幼麦绿如茵。
田间些小路，
已有踏青人。

2020 年 2 月 23 日

七律·疫后游

疫后阳春遍九州，
三山五岳任遨游。
梅峰秀岭怜花落，
瀑布清溪叹水流。

漠北逐风驱骏马，
江南觅草牧青牛。
邀来旧友谈星月，
美酒香茗品到秋。

2020 年 2 月 24 日

西江月·春

灞水冰消雾净，
桥头柳绿梅红。
河边宿草泛微青，
幼麦相拥地垄。

去岁相约看景，
今朝独自闲行。
纸鸢高放寄东风，
又踏田间小径。

2020 年 2 月 25 日

武陵春·春耕

寒去天蓝河水静，
弱柳舞东风。
黄鹂群逐唱碧空，
云淡罩群峰。

城外梅林花瓣落，
遍地洒琼英。
垄上牵牛稼穑翁，
埋首务春耕。

2020 年 2 月 26 日

海棠春·春忆

红舫踏浪初春后，
沐微雨、岸边梅秀。
水上玉笛悠，
风舞青衣袖。

又逢二月独酌酒，
剩残月、形单影瘦。
借问海棠花，
是否仍依旧。

2020 年 2 月 29 日

小重山·春晨

宿草悄悄又泛青。
春潮回大地、
郁葱葱。
田边杏树蓓蕾红。
越冬麦、
不惧晓寒轻。

雾笼灞河东。
桥头昔日柳、
嫩芽生。
曾经对酒在舟中。
和风细、
对岸玉笛声。

2020 年 3 月 1 日

清平乐·春雨

云浓雾淡，
细雨声声漫。
陌上迎春金灿灿，
戏水凌波双燕。

满目青麦无边，
东风又绿南山。
最是红梅香溢，
晨兴未感春寒。

2020 年 3 月 2 日

五律·山居

山前是我家，
绿树密无涯。
开垦三分地，
培植万朵花。

朝来听鸟唱，
日暮看云霞。
静夜邀明月，
临风共品茶。

2020 年 3 月 3 日

临江仙・梅忆

疏影横斜枝上，
林中阵阵清香。
层峦叠嶂著红妆。
高亭临胜境，
碧水泛轻舫。

秀岭随心荡漾，
梅园畅意星光。
夜来把酒话远方。
当时人已醉，
只道是寻常。

2020 年 3 月 4 日

五律·惊蛰

昆虫今日醒，
万物竞苏荣。
冻柳方出绿，
苍山已变青。

田中无宿草，
垄上有农耕。
频频归来燕，
凌空唱晚风。

2020 年 3 月 5 日

七绝·红杏春

青苗绿野遍秦川，
灞柳舒黄众鸟喧。
细雨东风飞玉露，
清香漫漫杏花繁。

2020 年 3 月 6 日

七律·题三八节

窈窕淑女绽芳姿，
绿叶红花士不孤。
玉骨明眸如茉莉，
疾风劲草胜丈夫。

含辛养育撑天地，
畅意悲欢富笑哭。
自古红颜多蕙质，
风情万种爱诗书。

2020 年 3 月 8 日

鹧鸪天・春意

昨夜萧萧落雨声，
三更辗转到天明。
篱旁月季新芽旺，
院外梧桐宿叶空。

云淡淡，水淙淙，
春寒不碍杏花红。
今夕朗月华光溢，
柳下横笛赋你听。

2020 年 3 月 9 日

占春芳·海棠

黄鸟唱，
东风荡，
大地孕芬芳。
又是人间三月，
海棠占尽春光。

月下守花旁，
露凝霜，
犹散清香。
玉姿淑态安娴峭，
当是花王。

2020 年 3 月 10 日

七律・春夜月

淡淡浮云弃古城，
飘飘荡荡似浮萍。
缘生缘灭缘有尽，
情重情深情未终。

欲把当初皆忘却，
难将往事俱尘封。
此心遥寄空中月，
静伫高台沐晚风。

2020 年 3 月 11 日

杏园芳·海棠

黄芽嫩叶微青，
花团簇簇丰盈。
无暇玉面笑东风，
淡腮红。

清晨翠鸟惊春梦，
残妆鬓乱钗横。
一丝一缕总关情，
伫离亭。

2020 年 3 月 12 日

七绝·蜜蜂

管他红紫众芳颜，
抱秀餐香我占先。
授粉传情歌伴舞，
身虽忙碌腹中甜。

2020 年 3 月 13 日

七律·终南山

万仞终南景色新，
半日攀山远红尘。
苍松自是枝连杈，
古寺何分夏与春。

静坐听禅声入耳，
徐行看水景融心。
青石小路云深处，
可有高僧得道人？

2020 年 3 月 14 日

七律·春山居

依山傍水住柴房，
抱臂倚竹赏嫩黄。
对镜方觉人已老，
执杯顿感量犹狂。

花飞不扫任栖院，
竹倒无依自靠墙。
来客休谈天下事，
开坛把酒醉篱旁。

2020 年 3 月 15 日

七律·桃源情

姹紫嫣红粉透白，
为谁吐秀却难猜。
春光玉面随风笑，
水畔村边纵意开。

细细清香狭谷溢，
悠悠素韵密林来。
心中自有桃花意，
不叫红尘染净台。

2020 年 3 月 16 日

阳春桃花赋

桃花岛外桃花船，
桃花船到桃花湾。
桃花湾设桃花宴，
桃花宴上桃花欢。

2020 年 3 月 17 日

七绝·海棠花海

轻妆淡脂暗香堆，
发乱钗斜似醉妃。
锦绣琼花成梦境，
林深向晚不思归。

2020 年 3 月 18 日

七律·三叶草

心甘情愿嫁春风，
不畏严冬不怕穷。
但矮犹青伏地绿，
虽微亦秀绽桃红。

难得眷顾无骚客，
所幸流连有蜜蜂。
径自盛开迎丽日，
甘居花下默无声。

2020 年 3 月 19 日

七律·享春趣

观花戏鸟种蔷薇，
把酒填词醉意飞。
悦耳皆因听夜雨，
怡情最是沐春晖。

桃蕾开口红颊艳，
杏蕊舒香玉面绯。
紫燕归门梁上问，
离人今日可曾归？

2020 年 3 月 25 日

七绝·清明怀思

白云漫卷去悠悠，
故苑琼英遍地丢。
又是清明倚树下，
梨花伴我共白头。

2020 年 4 月 4 日

七律·草堂居

水满荷塘绿满峰，
连绵细雨始方晴。
花繁不碍栖枝雀，
草旺无妨唱晚虫。

月朗星稀红杏俏，
兰香柳翠玉笛横。
门前静逸无车马，
畅意篱前沐晚风。

2020 年 4 月 5 日

采桑子·樱花

樱花簇簇枝端俏，
竞绽芳姿。
毓秀参差，
国色天香自是词。

霏霏夜雨蚀香骨，
谢落如斯。
遍地相思，
玉体沉沙竟已辞。

2020 年 4 月 6 日

西江月·春

红杏枝头尽谢，
桃花树上皆红。
蜂飞蝶舞暗香浓，
恰似人间梦境。

仰叹三春皓月，
斜倚四季苍松。
高台把酒寄东风，
今夜星稀云静。

2020 年 4 月 7 日

临江仙·海棠

日暖海棠如故，
花清嫩叶稀疏。
开怀畅意向天舒。
云轻栖碧水，
风细乱翻书。

月下自斟独饮，
天边星淡形孤。
寻章索句寄遥淑。
长空飘万里，
微信赋词出。

2020 年 4 月 8 日

南歌子·春农

淡淡田园雾，
依依杨柳风。
雄鸡高唱沐霞行。
垄上挥锄，
尽享草香清。

九里桃花秀，
三乡幼麦青。
但求天地不坑农。
伴鸟轻歌，
惬意老村翁。

2020 年 4 月 10 日

樊川富春谣

一山红杏一川云，
一盏华灯一袭裙。
一树梨花一轮月，
一支清曲一佳人。

2020 年 4 月 12 日

临江仙·农事

四月群山叠翠，
乡间满目桑田。
耕耘稼穑正当前。
春耕非小事，
饭碗大于天。

粮价不及纯水，
农民累至腰弯。
纷纷出外挣工钱。
村中无少壮，
垄上尽衰年。

2020年4月13日

清平乐·春

清江水畔，
日暮红霞灿。
展翅蓝天群飞燕，
岭上白云漫漫。

草密柳绿花残，
轻风静抚栏杆。
又忆红舫踏浪，
夜半未感春寒。

2020 年 4 月 14 日

七绝·阳春夜

我与春风皆过客，
你居水畔揽银河。
星空浩瀚深无际，
碧海青天万里歌。

2020 年 4 月 15 日

七律·春花落

夜半萧萧细雨绵，
晨兴满目散云烟。
身随败叶飞篱外，
体散香风付水边。

玉面离枝存旧梦，
芳魂弃地现衰颜。
难留世上阳春秀，
只待来年再续缘。

2020 年 4 月 16 日

七律·秦岭春

南山雨后绽晴空，
雾绕云翻似画中。
嫩叶含珠珠竞坠，
新枝落鸟鸟争鸣。

忽觉疫过春将老，
已是花谢绿更浓。
莫道林幽皆寂静，
黄墙古刹有禅声。

2020 年 4 月 17 日

歌咏一字谣

一言一语一嫣然，
一咏一歌一诗篇。
一草一木一水秀，
一生一世一红颜。

2020 年 4 月 18 日

七律·谷雨夜

樱花谢尽已春深，
谷雨晴和草木新。
把酒常邀天上月，
倚栏总忆梦中人。

亭台静夜观星座，
水畔深情抚玉琴。
醉卧青石意未尽，
再招月季饮三巡。

2020 年 4 月 19 日

五绝·小满

白云驻碧空，
柳翠匿群莺。
麦浪连天际，
轻歌垄上行。

2020 年 5 月 20 日

七律·初夏夜

东风阵阵入秦楼，
渐逝阳春志未酬。
对酒填词述往事，
击筑奏曲叹江流。

无垠星汉兴微浪，
有意江湖泛扁舟。
梦断高台书皓月，
亦真亦幻又何求。

2020 年 5 月 21 日

西江月·夏思

梦断江南水畔，
情牵漠北边关。
金戈铁马战旗翻，
猎猎狼烟漫漫。

从未灯红酒绿，
常经雪骤霜寒。
孤星冷月共苍天，
不惧风云变幻。

2020 年 5 月 22 日

五律·赠友

漫漫回程路，
驱车万里行。
曾经观皓月，
时常望星空。

故旧今宵意，
新人昨日情。
相约曲水畔，
把酒看芙蓉。

2020 年 5 月 24 日

附：谨以本诗赠京城旧友刘军秀夫妇。

五绝·过大明宫

盛世化轻风，
群宫变草丛。
园中多玉女，
却忘有玄宗。

2020 年 5 月 25 日

七绝·红杏春夏

娇颜二月尽情开，
嫁给春风绽玉腮。
可叹香红七日谢，
只留青杏叶间埋。

2020 年 5 月 26 日

七律·童年趣

无忌无忧无肚肠，
抛书掷笔少儿狂。
摸鱼戏水迟归校，
捕鸟捉猫越过墙。

刻苦学习书声溢，
专心作业梦飞扬。
童心尚幼怀家国，
稚气凌云在远方。

2020 年 6 月 1 日

五律·夏居

深林秀壑中，
无夏亦无冬。
陋室清风溢，
厅堂皓月明。

兰生芳草地，
燕宿牡丹亭。
不负青竹意，
榴花似火红。

2020 年 6 月 2 日

七律·诗词趣

唐诗汉赋意深深，
仄仄平平韵律真。
铁血狼烟三尺录，
风花雪夜一壶斟。

江山似画白云淡，
岁月如歌碧水深。
忘却红尘名与利，
述今论古注丹心。

2020 年 6 月 4 日

五律·芒种

无风麦穗齐，
岸柳抚青堤。
叶下藏鲜杏，
塘中跳鲤鱼。

黄牛食嫩草，
紫燕觅香泥。
今日逢芒种，
农家备步犁。

2020 年 6 月 5 日

五绝·收麦

田间刈麦忙，
热浪透衣裳。
送水佳人至，
携来杏子尝。

2020 年 6 月 6 日

七律·夏日会

夏日如约奔酒旗，
欣逢故旧量无余。
阳春水畔成清梦，
陋室书旁弄象棋。

缱绻深情成往事，
绸缪远虑变残局。
离亭弃岸踏歌渡，
试问归程可有期？

2020 年 6 月 7 日

夏雨黄昏一字歌

一街一巷一华灯，
一伞一桥一相逢。
一聚一离一回首，
一真一幻一梦中。

2020 年 6 月 8 日

七绝·夏夜雨

本是青灯壁影深，
只因玉酒步红尘。
窗前夜半听风雨，
不见当初打伞人。

2020 年 6 月 9 日

七律·夏日思

人生何处不相逢，
碧水蓝天韵味浓。
畅意江南舟上酒，
抒怀漠北雪中情。

临风念远星光煜，
踏岭云轻月色朦。
岁月如歌人已老，
丹书尺素寄飞鸿。

2020 年 6 月 10 日

浣溪沙·南湖

细雨轻风抚画船，
浓云淡雾柳生烟。
今夕再聚碧荷轩。

淡绿仙毫盈玉盏，
微醺靛袖弄丝弦。
红尘漫漫觅清欢。

2020 年 6 月 11 日

七律·题墨友

桃花逝水付东流，
阅尽人间夏与秋。
韵海无涯循律例，
书山有径任遨游。

诗情溢染芝兰苑，
墨色絪缊海市楼。
淡饭粗茶招远客，
拥风抱月复何求。

2020 年 6 月 13 日

七律·茉莉花

素体纤枝韵味清，
玲珑锦绣自丰隆。
心存毓秀承天露，
意在凡尘惠众生。

叶展竹篱风冷处，
香飘玉盏月色中。
芬芳馥郁潇湘苑，
竟自幽开醉梦浓。

2020 年 6 月 15 日

七律·茉莉花

@海棠依旧　和

翠叶柔姿喜向阳，
清新淡雅素颜妆。
炎威不惧肌含雪，
露重无妨体散香。

月静风轻花影瘦，
人闲虫唱晚风凉。
知音自古难寻觅，
收取花英枕内藏。

采桑子·南湖

南湖夏日阴云涌，
细雨蒙蒙。
数日未晴，
满目荷花点点红。

登舟弃岸寻幽静，
水面清风。
吟啸长空，
纵意随波踏浪行。

2020 年 6 月 16 日

七律·梅岭春忆

二月梅花扮岭峰，
蜂飞蝶舞戏芳丛。
清新溢韵纤枝秀，
冷艳舒姿俏面红。

燕掠山间翠柳静，
舟行水上玉笛横。
江南赴会今夕至，
把酒高歌望月亭。

2020 年 6 月 19 日

七律·风自语

四海五洲处处行，
沾花惹草最多情。
曾招红杏出墙外，
亦损黄菊泣雪中。

纵意汪洋掀巨浪，
抒情大地绽华容。
欺山戏月寻常事，
功过是非任你评。

2020 年 6 月 20 日

父亲节题栖鸟

阳台栖两鸟，
衔草花盆堆。
数日孵五卵，
破壳叫恢恢。
黄口索食切，
不住声声催。
为幼寻虫去，
朝夕九来回。
辛勤两三月，
父瘦众雏肥。
羽翼丰满后，
离巢向外飞。
雌雄暗牵挂，
总未见回归。
寂寞空巢里，
相对夜生悲。

2020 年 6 月 21 日

行香子·夏至

夏至时光，
绿满荷塘。
赤云天、蝉噪声张。
田中新麦，
颗粒归仓。
看叶间杏，
枝头簇，
俱金黄。

花开花落，
风云激荡，
夜阑珊、听雨西窗。
纷繁世事，
不必彷徨。
对杯中酒，
清香溢，
细来尝。

2020 年 6 月 22 日

七律·清露咏

红尘漫漫有精灵，
不屑金银不为名。
但用芳华邀皓月，
直将玉体映群星。

身微自有凌云志，
意重常怀济世情。
默默无言惜万物，
朝阳启处化清风。

2020 年 6 月 23 日

七律·端午节

爱水依山念远方，
粗茶淡饭旧衣裳。
佳人偶至携琵琶，
紫燕常居恋草堂。

有客含情述往事，
无钱沽酒赋华章。
豪门美味珍馐宴，
难比鲜菇豆脯香。

2020 年 6 月 26 日

五律·端午

夏日孕深情，
从无负众生。
菖蒲驱祸患，
艾草祷太平。

米粽和梅煮，
龙舟踏浪行。
苍天怜万物，
四季有清风。

2020 年 6 月 27 日

夏日一字谣

一言一语一嫣然，
一咏一歌一诗篇。
一草一木一水秀，
一花一果一酸甜。

2020 年 6 月 28 日

夏日一字谣

@海棠依旧　和

一村一陌一池蛙，
一院一堂一树花。
一暗一明一孤影，
一书一扇一壶茶。

七绝·雨中荷

南湖细雨醉清风，
满目香荷色愈浓。
水畔青衣撑碧伞，
凝脂素面点腮红。

2020 年 6 月 29 日

采桑子·延安

旌旗漫卷山河动，
万里长征。
气贯长虹，
踏破雄关傲北风。

荣华尽弃居窑洞，
夜半油灯。
汇聚群英，
铁血丹心为众生。

2020 年 6 月 30 日

七律·南湖夏夜荷花

青姿玉盏似蓬莱，
碧水如蓝处处栽。
叶满湖中薄露降，
月明草畔细风来。

轻舟素影花欲睡，
古渡清香意难猜。
斗转星移清夜静，
红蕾未道几时开。

2020 年 7 月 1 日

行香子·南山夏居

履印苔痕，
柳蔽柴门。
松遮日、不论光阴。
紫燕做伴，
碧水为邻。
对谷中林，
山巅月，
院前云。

清香阵阵，
风满袖襟。
晚霞红、落日如金。
苍穹似海，
星汉无垠。
有梦中人，
花间酒，
面前琴。

2020 年 7 月 2 日

七绝·叹人生

利禄功名是瓮城，
人人被困在其中。
劳心费力拼才智，
到了才知万事空。

2020 年 7 月 3 日

七律·曲江夜

缱绻阳春付水流，
萤飞草径遍浮游。
凉风渐起蝉声匿，
冷露萌发月色幽。

夜静形孤仕女馆，
桥空影寂紫云楼。
白云竞渡知何处，
只见银河未见舟。

2020 年 7 月 4 日

七律·夏日游

心飞物外了无忧，
纵马驱车踏五洲。
畅意凌云呼玉帝，
随风入海泛兰舟。

招龙引凤观歌舞，
沐雨临花叹水流。
醉卧红舫寻夏梦，
轻波万里下扬州。

2020年7月5日

行香子·小暑

烈日炎炎，
马路生烟。
村头树、鼓噪鸣蝉。
花枯柳暗，
炽热云天。
住芝兰轩，
青石卧，
任高眠。

门前水畔，
荷青连片。
月东升、银练无边。
草深苔绿，
意净心闲。
作《忆江南》，
《行香子》，
《鹊桥仙》。

2020 年 7 月 6 日

七律·忆抗战

滚滚硝烟蔽日阴，
刀光剑影御敌军。
书生不让桑梓地，
壮士深怀报国心。

冷刺搏凶千百战，
钢枪荡寇七八春。
赴汤蹈火书慷慨，
燕赵男儿不顾身。

2020 年 7 月 7 日

附：在七七事变纪念日，向当年冀中抗日前辈致敬！1937年7月7日，七七事变后，国民政府及其军队南撤，日寇迅速侵占了北京、天津、保定、石家庄等大城市。1938年4月，中共冀中区党委在我的老家河北省安平县成立，黄敬任书记，同时，成立八路军冀中军区，吕正操将军任司令员，发动群众，抗日图存。1943年8月，吕正操奉中共中央电令，率领冀中军区六个主力团转战晋绥战场。之后，杨成武将军接任冀中军区司令员，林铁任政委。我二伯父可文华接受过当时的高等教育，他参加八路军的前几年，一直在八路军冀中军区机关，追随吕正操同志与黄敬同志，刺刀见红，血战日寇，后来，担任林铁同志的秘书，在杨成武、林铁同志直接领导下，宁折不弯，鏖战不息，与无数燕赵儿女一道，用鲜血和生命，捍卫冀中故土和祖国尊严！

钗头凤·曲江饮

清风爽，明月亮，
碧空似海无波浪。
星光透，淡云秀，
曲水流觞，
夜深时候。
岫、岫、岫。

华灯放，歌声畅，
玉笛美酒红楼上。
人依旧，三更后，
鬓密钗横，
墨香盈袖。
瘦、瘦、瘦。

2020 年 7 月 8 日

七律·冰箱自白

身直影正自端庄，
民脂民膏贮满仓。
正气习来防腐败，
清风频至送新凉。

专心制冷平三季，
刻意存鲜慰四方。
默默无闻居角落，
人皆入睡我犹忙。

2020 年 7 月 9 日

七律·世事观

得失成败心放宽，
且把风尘当景观。
皓月从无三日满，
红花哪有百天鲜。

人生如意需清醒，
壮志难酬不怨天。
淡饭粗衣修正道，
无求无欲是神仙。

2020 年 7 月 10 日

临江仙·曲江南湖

碧叶连天芳沁，
芙蓉朵朵清纯。
平生从未染红尘。
风中出毓秀，
雨后吐天真。

伞下深情难尽，
池塘已是黄昏。
离合不必问前因。
一方云雾里，
两个探花人。

2020 年 7 月 11 日

七律·樊川夏居

雨后南山幻亦真，
云蒸雾绕入迷津。
红花带露香扑面，
绿叶滴珠翠满门。

檐下竹梁栖劳燕，
堂前木椅坐闲人。
深居秀谷空灵处，
意在江南万里春。

2020 年 7 月 12 日

五律·夏

盛夏少陵塬，
夕阳映紫烟。
植菊溪水侧，
种豆翠林边。

古韵随云涌，
新词戴月填。
宁心书尺素，
把酒忆江南。

2020 年 7 月 13 日

清平乐·晨

清晨雨露，
淡淡林中雾。
不意惊飞池塘鹭，
展翅层峦深处。

盛夏绿密红疏，
小路恰似当初。
对景思遥念远，
天边云卷云舒。

2020 年 7 月 15 日

清平乐·晨

@海棠依旧　和

雨歇云断，
窗透晨曦幔。
墙外莺歌和梦恋，
往事依稀重现。

雾起群岭山岚，
烟笼芳甸清泉。
小路溪边远去，
细说逝水流年。

长相思·小暑

雨声声，
水声声。
篱外芭蕉色愈青，
新花簇簇红。

雾朦胧，
意朦胧。
对酒填词似梦中，
夜深别样情。

2020 年 7 月 16 日

七律·夏日雨后

霏霏细雨始方晴，
碧水青山韵味浓。
畅意竹林节毓秀，
倾心兰苑意通灵。

乘舟入雾招翠柳，
踏岭穿林访劲松。
秀壑临风迎旧友，
倚石对酒月光中。

2020年7月20日

江城子·曲江池

数日霏霏细雨浓，
水波清，雾蒙蒙。
再上轻舟，
踏浪入莲蓬。
碧叶连天承甘露，
珠玑跳，静听声。

翠袖红颜诉衷情，
玉笛横，抚瑶筝。
高山流水，
落雁可曾听？
又是如歌仲夏聚，
诗下酒，忘归程。

2020 年 7 月 22 日

五律·曲江荷花

暮霭漫天涯，
南湖似罩纱。
清香千盏秀，
鼓噪万只蛙。

翠柳招新蕊，
青衣扰睡花。
轻舟入夜色，
对岸是谁家？

2020年7月23日

七律·孙思邈

辛勤采药入云端，
普救含灵过百年。
海上仙方枕上记，
山间灵剂世间传。

悬壶济世尊天道，
妙手回春法自然。
戴笠持锄寻药去，
飘飘羽化上青天。

2020 年 7 月 25 日

注：本诗作于陕西省铜川市耀州区药王山孙思邈纪念馆。

七绝·长安久友

长安久友数苍松，
把盏抒怀情意浓。
故地临风书豪迈，
风轻云淡气色红。

2020 年 7 月 26 日

附：谨以本诗题“长安旧友”微信群同学小聚。

临江仙·春忆

二月梅林小路，
三春花海高亭。
惊鸿一瞥现青峰。
山中观锦绣，
岭上沐和风。

岁月匆匆似水，
悠思漫漫如萍。
轻舟踏浪玉笛声。
心随离雁去，
意伴淡云行。

2020 年 7 月 27 日

西江月·夏夜

岭上疏云皓月，
窗前密叶清风。
银光透绿洒檐庭，
夜色如歌似颂。

把酒荷塘水畔，
挥毫竹苑兰亭。
红尘净土驻心中，
再伴诗词入梦。

2020 年 7 月 28 日

七律·山野夏

陌路柴桥绿满堤，
河清水碧纳千溪。
飞花有意逐春去，
落叶无声伴鸟栖。

踏岭观云思绪涌，
依松望谷晚霞披。
心超物外竹园醉，
抱月拥风挽彩霓。

2020 年 7 月 29 日

七绝·曲江池

清池夏夜静无波，
玉面轻舟伴绿荷。
满目繁星落碧水，
恍如梦里坠银河。

2020 年 8 月 2 日

七律·曲江池

翠柳荷塘夜色幽，
清风皓月映红楼。
倚栏纵意出三界，
把酒舒怀荡五洲。

水墨曲江烟雨榭，
丹青碧水画舫舟。
兰亭静伫神思远，
对月横笛序曲悠。

2020 年 8 月 5 日

西江月·立秋

田垄专心锄地，
草堂纵意高歌。
苍竹雨后现婀娜，
向晚青石闲坐。

把酒遥观日暮，
执杯慨叹星河。
无边名利尽超脱，
笑对花开叶落。

2020 年 8 月 8 日

七绝·古城初秋

清风不语入西楼，
皓月如霜映白头。
此刻江南应半夏，
昆虫却已唱清秋。

2020 年 8 月 9 日

采桑子·苦夏

南山峻岭白云荡，
雾气茫茫。
陋室竹房，
树密荫浓夏日长。

鸟栖蝉噪群蛰唱，
暑热犹狂。
入夜清凉，
萤火纷飞遍草堂。

2020 年 8 月 10 日

七律·自嘲

生来性本爱渔耕，
怎奈经年在古城。
岂是功名迷兴趣，
只因老少要谋生。

心疲把酒三杯倒，
意醉填词一片情。
感叹平庸无妙笔，
江郎才尽念金陵。

2020 年 8 月 11 日

七绝·初秋雨后

昨夜芭蕉落雨声，
清晨遍地是秋风。
新枝重绿青荷老，
岁月如歌似梦中。

2020 年 8 月 12 日

七律·初秋夜思

秋来夏去数十春，
格物求知自修身。
腹有良谋兴正事，
胸无诡计赚同仁。

江湖冷暖皆留意，
宦海得失未在心。
利禄功名终逝去，
穷达贵贱化烟尘。

2020 年 8 月 13 日

附：谨以本诗赠挚友李彬。

七绝·雨后初秋

数日炎炎暑气流，
初更细雨未停休。
晨兴但见乌云散，
玉露清风遍地秋。

2020 年 8 月 14 日

五律·争战

烈火映红天，
苍茫大地间。
雄风八万里，
恶战二十年。

荡寇桑梓地，
驱狼山海关。
出征众子弟，
未见几人还。

2020 年 8 月 15 日

注：1945年8月15日，日本宣布无条件投降。

七律·江南初秋

黛瓦白墙古韵留，
炊烟袅袅暮云收。
疏枝冷艳红花秀，
玉盏清新桂酒柔。

绿岸依山风雨巷，
轻舟戏柳丽人眸。
横笛诉尽梅园意，
日暮苍茫月色幽。

2020 年 8 月 16 日

七律·题浮云

聚散随心荡四方，
千姿百态造阴阳。
兴风作浪成祸患，
润物滋生孕瑞祥。

漫卷妆天呈锦绣，
飘飞蔽日护芬芳。
时常上演红尘恋，
化作甘霖送暑凉。

2020 年 8 月 17 日

七律·遇初秋

时光似水付东流，
草木狂生又入秋。
叶密蝉鸣悲夏暮，
荷青雨落伫兰舟。

风云变幻雷声散，
世事轮回韵味留。
把酒抒怀寻旧梦，
高歌一曲慰凝眸。

2020年8月18日

临江仙·入秋

昨夜云开雾散，
今晨梦断天涯。
清风冷露透窗纱。
蓝天出丽日，
绿草沐朝霞。

历尽峥嵘岁月，
曾经锦瑟年华。
梧桐树下弄琵琶。
身居竹翠谷，
意在紫薇花。

2020 年 8 月 20 日

七律·处暑

平生性本爱南山，
处暑摘荷换酒钱。
绿叶苍然辞盛夏，
青丝荏苒送华年。

樊川陋室参经史，
潏水兰亭弄管弦。
假日偷闲烧野菜，
执杯醉卧少陵塬。

2020 年 8 月 22 日

五律·七夕

繁华斥夜宵，
月朗碧空高。
别后青丝败，
相逢粉黛娇。

离人怀旧意，
素女献蟠桃。
但见白云动，
情飞玉袖飘。

2020 年 8 月 25 日

七律·乡村赋

树下寻荫纸扇摇，
鸡鸣犬吠鸟声嚣。
方田稻叶连烟叶，
小路石桥并木桥。

水畔荷塘花吐秀，
村头月下我吹箫。
春耕夏种秋收获，
访罢高僧再访樵。

2020 年 8 月 26 日

五律·终南山

晴日入南山，
时逢夏暑残。
白云犹孕雨，
碧水已觉寒。

窄径达三谷，
苍峰贯九天。
欲知深几许，
古刹静参禅。

2020 年 8 月 27 日

七律·曲江初秋

群蛰竞唱月如银，
水畔诗坊半掩门。
汉武泉桥观碧水，
江亭晚望沐黄昏。

青林石马栖深草，
翠苇芳洲隐小村。
聚友乘凉倚树坐，
叹无杜甫众诗人。

2020年8月28日

注：与刘军秀等好友曲江池小聚草就。

一剪梅·初秋

又是人间好个秋。
丹桂香幽，
硕果枝头。
樊川远望目难收。
山也悠悠，
云也悠悠。

夜色高台独自留。
人在西楼，
月照西楼。
凌空雁叫赴江洲。
思绪如流，
无尽无休。

2020 年 9 月 1 日

五律·秋

碧水荡南湖，
秋风至古都。
林幽草色暗，
夜静鸟声孤。

皓月凝花影，
青荷聚露珠。
轻舟驳细浪，
远去载归姝。

2020 年 9 月 5 日

五律·拜黄帝

桥山渡玉津，
云绕沮河滨。
少典行天道，
轩辕具爱心。

黄陵泽被厚，
印池碧水深。
肇启千秋史，
鸿德耀古今。

2020年9月14日

注：本诗作于延安市黄陵县黄帝陵。

七律·洛川秋

绿树阴浓叶未残，
白云碧草映蓝天。
微风水畔舒凉意，
硕果枝头展醉颜。

兰苑高亭留往事，
竹林曲径录华年。
初秋日暮白鸡寺，
星汉无垠落岭巅。

2020 年 9 月 15 日

注：洛川县途中草就。

七律·过甘泉

云淡天清丽日强，
荫浓万木透柔光。
征尘散尽秦直道，
花卉齐集玉帝梁。

洛水通灵达宇宙，
甘泉毓秀纳阴阳。
虚怀雨岔丹霞谷，
抱月观星韵味长。

2020年9月16日

注：甘泉县途中草就。

破阵子·过秦宫

虎帐运筹帷幄，
阵前鼓角连营。
鲜血横流从不断，
战火纷飞始未停。
为财又为名。

斧钺钩叉利刃，
刀枪剑戟青锋。
勇冠三军杀猛将，
威震八方斩众兵。
皆为父母生。

2020 年 9 月 22 日

注：咸阳途中草就。

七律·题诸葛亮

满腹经纶品性高，
锦纶玉带任逍遥。
一诗二表隆中对，
万马千军羽扇摇。

计取蛮荒擒孟获，
火烧赤壁拒曹操。
天公不遂忠良意，
化作流星上九霄。

2020 年 9 月 25 日

注：本诗作于岐山县五丈原诸葛亮庙。

七律·叹初秋

清风皓月又一秋，
四季轮回未肯休。
岁月蹉跎霜染鬓，
时光荏苒雪飞头。

青春不屑鲜花绽，
老迈空悲逝水流。
莫道夕阳无限好，
苍茫暮色罩西楼。

2020 年 9 月 29 日

七律·中秋节

浓云细雨桂香浓，
岁岁中秋各不同。
莫叹佳节无皓月，
应思草院有清风。

桃花尽落菊花秀，
柳叶飘飞枫叶红。
今夜高歌温玉酒，
来春共赏雪中灯。

2020 年 10 月 1 日

江城子·秋桂

冷雨秋风已渐寒，
水滴檐，似珠帘。
寂静城垣，
淡雾锁南山。
把酒西楼思绪远，
三更半，夜阑珊。

梦断幽香桂树前，
月中缘，意缠绵。
叶密千层，
万点笑倚栏。
占尽深秋独自秀，
花虽小，俏依然。

2020 年 10 月 9 日

五律·秋

白云岭上抛，
淡雾溢飘柔。
玉露栖芳草，
金风入画楼。

植菊别盛夏，
把酒唱清秋。
待到梅花秀，
相约踏雪游。

2020 年 10 月 12 日

如梦令·秋雨

曾历梅园短聚，
踏浪乘风别去。
常对桂花酒，
遥寄万千思绪。
秋雨，秋雨，
夜雾幽深几许。

2020 年 10 月 15 日

七律·秋深夜

星光璀璨玉笛悠，
往事如烟意未休。
似此临风寻织女，
因何带露立寒秋。

梅园秀色花栖树，
草苑苍然雪染头。
四世三生云水月，
填词下酒醉西楼。

2020 年 10 月 18 日

五律·秋

山川著盛妆，
秋色胜春光。
日暖白云淡，
风轻丹桂香。

离亭人北去，
水畔雁南翔。
醉酒芝兰苑，
群菊蕊正黄。

2020 年 10 月 21 日

七律·霜降感怀

山川峻岭换秋装，
五彩斑斓胜春芳。
向暖群鸿辞故旧，
临寒众叶现沧桑。

经霜弱柳身犹绿，
戴露纤菊蕊自黄。
把酒倚竹人欲醉，
清风皓月入诗行。

2020 年 10 月 23 日

七绝·题鹊桥

一弯冷月静无声，
万世千生望夜空。
挚爱长融秋水里，
相思尽在不言中。

2020 年 10 月 24 日

七律·题清渭楼

古渡桥头渭水滨，
飞檐翘角势凌云。
鸾翔凤聚通天地，
墨妙笔精纳古今。

九曲回廊招雅客，
八级阔殿汇高人。
品茗论道观秦岭，
汉赋唐诗次第吟。

2020 年 10 月 25 日

注：此诗作于咸阳渭清楼。

七律·秋色赋

星移斗转又秋深，
往事如烟幻亦真。
铁血丹心酬日月，
粗茶淡饭慰风尘。

虽说秀丽犹如锦，
却道斑驳不是春。
似梦繁花今已去，
篱边感叹赋诗文。

2020 年 10 月 26 日

一剪梅·秋忆

北燕南翔汉水清。
细浪淙淙，
婉转从容。
一年四季古今同。
峻岭连峰，
雾色朦胧。

岁月如歌似梦中。
二月山城，
满目葱茏。
蜿蜒小路杏花红。
丽日晴空，
云淡风轻。

2020 年 10 月 30 日

七律·樊川居

深秋日暮掩柴门，
岭上云轻月半轮。
碧水枯荷凝冷露，
苍竹密草伴黄昏。

炊烟化雾天交夜，
灯火投窗人入村。
野菜香菇丹桂酒，
三杯足以慰风尘。

2020 年 11 月 2 日

蝶恋花·深秋颂

巨笔丹青涂秀岭。
五彩斑斓，
胜似春潮涌。
丽日蓝天云水动，
南飞雁阵声声颂。

桂苑清幽通曲径。
漫步高台，
落叶横阶静。
往事如烟皆是梦，
红花尽谢菊花净。

2020 年 11 月 3 日

七律·山野居

谢尽群芳枫叶红，
秋来夏去亦从容。
心随紫燕游情谷，
雨润白云吐彩虹。

皓月常新出碧海，
桃花依旧笑春风。
临风把盏青石上，
且采黄菊入酒中。

2020年11月4日

十六字令·秋

秋，
五彩山川似画轴。
金风细，
云淡水清幽。

秋，
静夜无眠月下楼。
惊晨梦，
竹露挂枝头。

2020 年 11 月 5 日

十六字令·秋

@海棠依旧　和

秋，
万木群峰绘彩绸。
枫林醉，
诗意唱神州。

秋，
五谷丰登月满楼。
云霞晚，
山野玉笛悠。

五律·深秋

风细未凝霜，
长空雁几行。
林中听鸟语，
篱下叹菊香。

熠熠黄花瘦，
淙淙碧水长。
芝兰舒玉秀，
暗自吐芬芳。

2020 年 11 月 6 日

七律·耕读居

皇天后土最宜人，
我与农田是至亲。
淡饭粗茶行正道，
勤劳厚道养精神。

一升稻种千斤米，
两个书箱万代云。
格物致知观世事，
闲来坐看月一轮。

2020 年 11 月 8 日

行香子·秋

万树枝头，
叶舞深秋。
溢金风、遍抚神州。
群山染黛，
云雾悠悠。
有空中雁，
林中苑，
水中舟。

黄昏时候，
夕阳吐秀，
晚霞红、落日难留。
倚竹念远，
明月如钩。
唤梅花绽，
红颜秀，
淡香幽。

2020 年 11 月 7 日

行香子·秋

@海棠依旧 和

飒飒西风，
万木凋零。
赏绿柳、摇落秋声。
残荷墨色，
凫动波平。
画枫林叶，
芦花荡，
水中亭。

星移斗转，
舟轻水静，
叹人生、七彩纷呈。
闲情难掷，
且共酩酊。
有剑南春，
五粮液，
女儿红。

小重山·秋忆

又见层林枫叶红。
山川皆醉貌、
沐秋风。
绵绵细雨始未停。
纷纷落、
遍地是深情。

小路忆曾经。
白衣擎素伞、
海棠清。
无言默默入花丛。
人依旧、
梦断玉笛声。

2020 年 11 月 9 日

七律·初冬赋

半世奔波在旅途，
焚膏继晷已灯枯。
只因果腹承劳碌，
岂为功名涉江湖。

遍地黄菊舒玉秀，
满头白发现苍梧。
时光荏苒冬将至，
再上轻舟下姑苏。

2020 年 11 月 17 日

临江仙·秋

银杏萧萧寒冷，
金枝瑟瑟凋零。
群芳尽谢影无踪。
长空排雁阵，
大地起风鸣。

万物自遵天道，
时节不顾人情。
花开叶落自前行。
疏林明月照，
曲径觅琴声。

2020 年 11 月 19 日

七律・长安雪

寒风萧瑟一鸿孤，
雾笼南山绘墨图。
瑞雪妆城彰古韵，
琼楼炙酒聚新儒。

何方圣手抛鳞甲，
哪位佳人亮羽服。
笑傲红尘舒锦绣，
丹心不改似当初。

2020 年 11 月 24 日

七律·望长安

大地苍茫送晚秋，
群宫众殿静幽幽。
寒星万点星沉水，
冷月一钩月入楼。

舜帝周公泽后世，
秦王汉武付荒丘。
花开叶落风烟散，
成败得失不必愁。

2020 年 11 月 25 日

七律·初冬歌

南翔雁阵过山吟，
弃岸登舟访故人。
秀谷溪边居野老，
菊花苑内醉同门。

倚竹把酒邀明月，
舞墨横笛唱彩云。
别去江湖风雨路，
春风桃李笑红尘。

2020 年 11 月 26 日

临江仙·冬雨

满目萧萧落叶，
一时掩却风尘。
匆匆碌碌往来人。
枫桥飞细雨，
灞水映乌云。

独步林间花径，
蛰声再未听闻。
红芳素影已非春。
相思飘故地，
雁去不留痕。

2020 年 12 月 2 日

江城子・冬雨

漫漫乌云冷雨浓，
肃残红，万枝空。
瑟瑟寒风，
大雾没群峰。
皓月春花留不住，
鸿雁去，了无踪。

灞水悄悄奔向东，
扁舟轻，踏歌行。
玉树琼花，
满目尽晶冰。
伞下如痴思旧事，
犹似梦，觅心声。

2020 年 12 月 3 日

七律·寒冬夜

隆冬日暮雾沉沉，
万物萧疏未掩门。
冷月无情穿壁洞，
寒霜有意踏阶痕。

空房草院尤为寂，
淡饭粗茶尚且温。
瘦影青灯风夜动，
惜无老酒暖身心。

2020 年 12 月 6 日

七律·大雪节

玉树琼花雾隐松，
南山草木俱凝冰。
披裘罩体观幽谷，
踏雪寻梅访旧朋。

烫酒围炉述往事，
添柴助火笑寒风。
声声暮鼓樊川寺，
荡涤红尘夜色空。

2020 年 12 月 7 日

西江月·初冬

秋后满庭落叶，
黄昏遍地红霞。
长空雁阵向天涯，
不尽春秋冬夏。

对月三杯桂酒，
观云一盏花茶。
倚竹笑看浪淘沙，
感叹江山似画。

2020 年 12 月 8 日

七律·南山雪

纷纷暴雪落山中，
素面银妆韵味增。
玉树临风披晚黛，
清泉落谷伴晨钟。

华严古刹兰花秀，
子午苍峰翰墨生。
似此寒冬萧瑟地，
犹存枫叶数枝红。

2020 年 12 月 9 日

行香子·春忆

二月梅峰，
花浪层层。
密林中、嫩草青青。
通幽小路，
满目香浓。
有萼前蝶，
枝前雀，
蕊前蜂。

清风不语，
天清水静，
竟未觉、皓月初升。
一身花影，
靛袖同行。
念水中舟，
空中月，
梦中情。

2020年12月10日

七律·冬夜思

隆冬却未叹篱边，
落尽菊花皓月圆。
竹案茶香充陋室，
泥炉炭火映红颜。

倚松览卷读今古，
踏浪凭舟忘佞贤。
贵贱尊卑皆过客，
得失成败化云烟。

2020 年 12 月 11 日

七律·长安冬

萧瑟寒冬落古城，
天光暗淡雾临峰。
白堤冻柳柔枝瘦，
绿水枯荷断柄横。

冷月疏篱焉有意，
冰河孤舟了无声。
兰房夜半惜芳草，
翠叶清新韵正浓。

2020 年 12 月 15 日

五律·雪境

寂寞鸟无踪，
森林变雾凇。
雪飞清净逸，
梅绽暗香浓。

冻杈琼英树，
冰花冷玉峰。
无言寻旧路，
再忆雪中情。

2020 年 12 月 18 日

七律·冬夜月

又见中天月半轮，
声声暮鼓静人心。
深冬枯树悲霜叶，
浅醉寒风伴冷云。

择字填词留古寺，
摘花赋韵在诗群。
残星点点述往事，
散尽流光了无痕。

2020 年 12 月 20 日

七律·逢冬至

冬风凛冽透衣襟，
却是阳生唤早春。
水畔相逢人未老，
竹园再聚酒犹温。

冰塬冻木迎风立，
玉谷寒梅踏雪寻。
莫道三秦无秀色，
樊川自有赏花人。

2020 年 12 月 21 日

小重山·雪夜春忆

凤羽纷纷下太空。
山川披锦绣、
雾凝松。
终南不语色朦胧。
樊川静、
古刹荡钟声。

炭火旺炉中。
茶香人念远、
墨含情。
如兰往事付春风。
轻舟动、
岸上海棠红。

2020 年 12 月 24 日

七律·寒冬梅

丽质生来便是诗，
霜压雪盖有谁知？
香盈玉袖枝端处，
色绽寒风岁末时。

墨客尤欢花事早，
游人尚恐踏青迟。
长安内外冰封地，
却见樊川秀染枝。

2020 年 12 月 25 日

七律·辞旧岁

冬来夏去又年终，
皓月如银笑晚风。
事后休言辛与苦，
人前不论败和成。

风霜雨雪由天定，
岳岭江湖任我行。
明日邻村沽烈酒，
邀来旧友话人生。

2020 年 12 月 30 日

七律·迎新年

旧事无须放在心，
花开叶落化红尘。
常临雨雪萌诗意，
总被艰难启慧根。

功名利禄千代有，
王侯将相几人存。
今夕各位迎新岁，
对月高歌酒满樽。

2020 年 12 月 31 日

后 记

笔者所学专业并非中文或历史类，是典型的理工科出身，对计算机及其语言程序情有独钟，曾经算得上是一个优秀程序员，与诗词相距甚远。

后来，身不由己，转行从事新闻工作，与诗词似乎也无太大关系。但却一年到头，工作头绪非常多，任务非常重，压力非常大。

2014 年初，在一个偶然事件中，我填写了一首《西江月》，并于当晚发到了微信朋友圈。从此，开始了业余写诗填词。

我写诗填词，纯属是在工作之余，为了缓解工作压力、换换脑子、放松心情、自己找乐儿；更重要的是，面对波涛汹涌的功利和焦虑浮躁的尘世，要在心中保留一方净土。

为此，我经常利用候机、候车、路途中及业余时间撰写诗词，差不多每天至少一首。有时双休日、节假日，每天能写几首、十几首，修身养心，权当休闲，择发微信朋友圈。

诗词十分精炼，每首通常只有数十个汉字，特别适合微信等自媒体传播，特别适合手机阅读。很多网友都很喜欢，热情点赞，并留言表示阅之轻松、愉悦。有时，我几天不发朋友圈，一些热心网友还私信询问。如此挺好。

我非作家，亦非诗人，原无结集出版之意。但长期以来，很多好友、熟人、网友及多个出版社，一直提议我出版诗集。最终，下决心，挤时间，整理了 2019 年下半年和 2020 年创作的部分诗词，交付出版。期间，世界图书出版西安公司薛春民总编以及冀彩霞和王婧殊等编辑，倾情支持，付出了大量心血。图书封面由获奖设计师张洪海以我生日当天哈勃望远镜摄取到的星图为创意，精心设计而成。在此，深致谢忱！

2021 年 8 月 10 日于樊川